L'informatique

peut nuire gravement à la santé

Zissey

Éditions d'Organisation

Éditions d'Organisation
1, rue Thénard
75240 Paris Cedex 05
www.editions-organisation.com

Chez le même éditeur, du même auteur :

- JISSEY, *L'entreprise peut nuire gravement à la santé, 2000.*

ISBN : 2-7081-2374-2

L'informatique peut nuire gravement à la santé

1

Internet Intranet

C Y B E R   M O R A L E

L'Internet est une folie passagère qui commence avec le choix du meilleur « provider » et se termine par une bordée d'injures aux « moteurs de recherche ».

On parle beaucoup d'Internet, rarement de l'Internaute. Les ethno-cybernéticiens disent qu'il a de 18 à 25 ans pour surfer et plus de 35 ans pour consommer.

Billet

Je ne dois rencontrer que des génies. Ceux qui accèdent à l'info-totale-et-mondiale-instantanée. Enfin, c'est ce qu'ils déclarent. Moi, je passe des heures sans rien trouver.

Il y a les vendeurs. Ceux qui laissent croire à « la une » des magazines grand public qu'Internet est incontournable.

Il y a les « faiseurs » de sites. Ceux qui comptabilisent les 600 connexions/jour sans indiquer les liens hasardeux qui y ont conduit...

Il y a les promoteurs de moteurs de recherche. Les vrais (tout en anglais) qui permettent au reste du monde – sauf moi – d'acquérir ce précieux savoir en ligne.

Hier, par exemple, je jonglais sur le mot clé « LEARNING » pour tout connaître de la Formation. Savez-vous ce que j'obtins, la liste des écoles primaires enseignant l'anglais !

Pour sauver Internet reste le commerce. Et son marketing spécialisé que mon oncle Sam appelle « One to One ».

d'humeur
de l'Internaute stressé

Ici, l'Internaute français a mûri de 20 ans pour acheter en ligne. Plus prudent que son homologue américain, il s'interroge : faut-il acheter la corde au cou et divulguer son numéro de carte bleue sur le Web ?

Faut-il se renseigner en ligne et payer... en grande surface ?

Il est permis d'essayer ou de tenter l'aide téléphonique : un commercial ne dit jamais de méchancetés et, s'il en disait, elles ne seraient jamais gratuites. Profession oblige !

“Les 600 000 acheteurs en ligne ont trois domaines de prédilection : l’informatique, l’édition et les voyages”

Challenge, n° 5244

“Les entreprises utilisant Internet de façon courante croissent deux fois plus vite que les autres”

Challenge, n° 5244

“Internet gratuit, qui va payer l’addition ?”

Sciences et Vie micro, n° 762

“Les moteurs de recherche ne sont pas en mesure de proposer mieux que 1/6 de la production disponible sur le Web”

Courrier international, n° 3183-455

“Le Web fait exploser l’offre de formation à distance”

Essentiel du management, n° 52

“Yahoo connaît les hobbies et coordonnées de 25 millions d'Internautes”

Capital, n° 89

“Les Français de moins de 17 ans en tête européenne des fans de Web”

Stratégies, n° 1109

“Pour éviter les abus, les postes Web sont dans une pièce vitrée”

Essentiel du management, n° 53

“Grâce à Internet et au Web, un cercle vertueux de la connaissance s’installe”

Informatiques, n° 5807 - 88

“Avec le Web, des gains conséquents peuvent être obtenus si les utilisateurs peuvent se dépanner eux-mêmes”

Informatiques, n° 5807 - 88

“L’Intranet propose une mise à disposition d’outils donnant envie de travailler ensemble”

Informatiques, n° 5807 - 88

“Hausse de 45 % des internautes en 6 mois”

Les Échos, n° 104-630

“Après les États-Unis et la Grande-Bretagne, la France découvre l’accès gratuit à Internet”

Info PC, n° 161

“On ignore trop souvent que la France a joué un rôle considérable dans la mise au point d’Internet”

Challenge, n° 5244

“Nous avons eu tort d’assimiler trop souvent le Web à un média de masse”

Stratégies, n° 1105

“Internet a la particularité de transformer tout ce qu’il touche en or”

Info PC, n° 161

“Aux États-Unis, des centres de désintoxication pour accros de l’ordinateur traitent désormais le problème”

Challenge, n° 5244

2

Soft

Anomalies... ciel... logic... sumées... sup.. primées...Ano Alies...logici..
Tissey

CYBERMÉDECINS

Les nouveautés informatiques nous feront-elles mourir idiots ?

La suite bureautique la plus utilisée au monde passe à la version 2000. Un chiffre bien commode qu'on peut réactualiser, pourquoi pas, tous les ans.

Billet

45 % des utilisateurs interrogés après l'annonce déclarent déjà ne pas vouloir travailler avec une autre suite. Vouloir ou pouvoir ? Là est la question. Quand on sait que la part de marché de Microsoft est acquise à 80 % on s'interroge sur les offres potentielles concurrentes.

Mais la nouveauté est gourmande : 590 à 1200 millions d'octets seront nécessaires pour faire tourner « l'Office Nouveau ». Ce seront donc pratiquement 2 micros sur 3 installés en entreprise qui nécessiteront une mise à jour coûteuse.

La nouvelle version est-elle vraiment utile ? C'est la question que se posaient les acheteurs de magnétoscopes dans les années soixante. Pourquoi douze touches de fonction quand trois suffisent dans 99 % des utilisations ?

d'humeur

de l'utilisateur oppressé

Qu'est ce donc qu'un système obsolète ? En informatique, est obsolète le matériel ou le logiciel qui n'est plus disponible... ou pas assez rentable. Et chacun sait que les informaticiens sont tous un peu médecins. Eux seuls savent combien le mensonge est nécessaire au malade.

“Le logiciel Périclès traite les mots d’Internet pour analyser les « ruptures de discours » sur les sociétés cotées en bourse”

Expansion, n° 601

“Office 2 000 : le couteau suisse du XXIe siècle”

Sciences & Vie micro, n° 762

“Un guide virtuel pour animer les autocars du futur”

01 Informatique, n° 1546

“Dans un outil informatique, on achète de plus en plus autant de rêve que de technique”

Le Monde Informatique, n° 818

“Office 2000 : quel bénéfice vais-je réellement tirer d’une telle évolution ?”

Info PC, n° 161

“Windows et Linux, deux univers *a priori* très éloignés”

Info PC, n° 161

“Les logiciels de paie découvrent les 35 heures”

Entreprise & Carrières, n° 489

“On n’utilise que 15 à 20 % du potentiel de ses applications favorites”

Microsélections, n° 5

“Une technologie logicielle, nommée *clear type*, améliore la lisibilité des écrans”

Info PC, n° 161

3

Relations clients

S U P E R

Billet

Le client est, paraît-il, devenu volage parce que les jeunes sont de moins en moins fidèles à leur marque, comme à leur entreprise, d'ailleurs.

Aussi les stratèges prédisent un avenir désormais orienté client et non plus centré sur les produits comme par le passé.

Selon cette nouvelle religion, seuls les services et la qualité des relations avec le client peuvent faire la différence .

Mais les outils informatiques nécessaires à la connaissance interne du client ne sont pas encore largement diffusés sur le marché.

Et puis il y a le frein culturel qui empêche un directeur commercial de partager ses données avec un directeur financier...

Bien sûr l'avenir compte beaucoup sur Internet mais, là encore, la préoccupation des sites existants est de mieux cibler le client pour économiser promotion et vente par correspondance ou tout simplement d'occuper l'espace avant les concurrents.

L'économie, d'une manière générale se paye de mots dans ses relations commerciales.

d'humeur
du futur client roi

Il n'est qu'à constater les récentes augmentations de l'essence à la pompe alors que le prix de baril baissait à la production pour décoder le véritable slogan de la réelle relation clients : « Clients, clientes, cette année était SUPER : les tarifs étaient moins élevés que ceux de l'année prochaine ! »

“L’information sur le client est la richesse la moins bien partagée de l’entreprise”

Informatiques, n° 5807-88

“La première caractéristique du client Internaute, c’est sa volatilité”

Usine Nouvelle, n° 2696

“54 % des lecteurs d’*Info PC* n’utilisent pas les services gratuits d’Internet”

Info PC, n° 161

“Les fournisseurs d’accès payants ne s’affolent pas”

Info PC, n° 161

“La Poste termine de déployer 1000 bornes d’accès à Internet dans ses bureaux”

Informatique, n° 5807-88

“La Fnac monte en ligne”

L'Express, n° 2500

“50 millions d’adresses sont actuellement attribuées”

Informatiques, n° 5807-88

“La chasse aux noms est en passe de devenir un véritable sport”

Info PC, n° 161

“L’accès gratuit au net pour le bonheur des entreprises”

Informatiques, n° 5807-88

4

Management

CYBERMOTIVATION

Il paraît que l'informatique est le secteur qui génère le plus de crises cardiaques. D'accord, l'informatique tue, mais par rapport à la quantité de ceux qui en vivent, il y a de la marge !

Billet

Pour détecter cette pression due au stress, un grand de l'informatique mesure l'intérêt que chacun de ses collaborateurs porte à son travail, évalue sa marge de manœuvre et jauge ses ressources personnelles pour faire face. Mais lorsqu'on fait en quatre jours ce qui autrefois se faisait en cinq, la pression monte toujours, et la motivation chute.

Pour créer un contexte propice à une nouvelle motivation des salariés, il faut –disent les experts– donner une perspective stratégique simple, comprise par tous et suscitant l'adhésion du plus grand nombre.

La cyberpresse a compris le problème. Elle monopolise, chaque année, ses premières de couverture avec une vraie question récurrente et fondamentale : la version V xx. de Microsoft est elle vraiment utile ?

Avec de tels enjeux, nul doute que les salariés discernent enfin les véritables défis de l'entreprise, en général, de l'informatique en particulier.

d'humeur
du salarié performant

Une question, pourtant, reste en suspend : certains cyberplumitifs croient-ils vraiment aux âneries qu'ils impriment. Certes, non. Mais ils les diffusent en les faisant payer, ce qui est plus grave encore !

“S'ils continuent d'adopter une attitude attentiste vis-à-vis du Web, les patrons français n'auront bientôt plus à traverser l'Atlantique pour mesurer le phénomène”

Informatiques, n° 5807-88

“Sur l’Internet, l’e-mail répand la rumeur à la vitesse d’une traînée de poudre”

Info PC, n° 161

« Désormais, il faudra dire une sapeuse pompière, une écrivaine, ou une rapporteuse »

Les Échos, n° 104-709

“Les cadres rechignent de moins en moins à emporter leurs portables durant leurs congés”

Entreprises et Carrières, n° 490-91

“Dans les années 60, on mettait les mauvais comptables aux achats. Puis dans les années 70, on y a mis les mauvais techniciens”

Usine Nouvelle, n° 2695

“Généraliser la gestion centralisée des carrières et des compétences”

Entreprise & Carrières, n° 489

“On manque d’informaticiens, mais aussi de formateurs pour le devenir”

Rebondir, n° 5331

“Les cabinets ont mis en place des cyberchasseurs de têtes”

Rebondir, n° 5331

“Laissez-vous vos cadres surfer sur le Net ?”

Essentiel du management, n° 53

“On peut passer un MBA en ligne”

Essentiel du management, n° 52

“Une école virtuelle pour vous initier à l’art du vin”

Web magazine, n° 2

“Hausse des salaires, baisse des démissions”

Entreprise & Carrières, n° 489

5

Technologies

H I B O U C

La presse informatique en fait ses couvertures et Microsoft sa pub : le livre électronique est né. On l'appelle « *eBook* »

Billet

Portable mais quatre fois plus pesant qu'un livre de poche, il coûte aussi cent fois plus. Il pourrait – disent les journalistes – permettre d'accéder aux onze millions de livres stockés à la Bibliothèque Nationale. C'est sans compter sur les nouveaux équipements à prévoir. Et quand on sait combien ceux existants ont coûté on n'ose imaginer les investissements somptuaires que nous réserverait un nouveau président mégalo pharaonique.

Bien sûr, il y a le confort de lecture que la technologie logicielle a triplé mais qui reste encore trois fois moins efficace que celui d'une page imprimée. Et tout ça dans un contexte culturel où, depuis vingt ans, un Français sur quatre déclare n'avoir lu aucun livre dans l'année. Nonobstant, rien n'empêche les descendants de Mac Luhan d'affirmer qu'avant trente ans le *eBook* sera au livre de papier ce qu'est aujourd'hui l'automobile au cheval !

Lecteurs, si vous participez des trois Français sur quatre qui aiment ce qui est imprimé noir sur blanc sachez que le plus grand frein à l'écriture de best sellers reste le changement de la cartouche d'encre dans l'imprimante informatique.

d'humeur
du cyberlecteur anonyme

Quant au livre électronique il reste encore à la lecture, – et pour quelques années – ce que les nains de jardins sont à la sculpture.

“La carte à puce cherche un second souffle”

Informatiques, n° 5807-88

“Non, les Français ne sont pas des handicapés de la technologie”

01 Informatique, n° 1546

“Dans le monde Unix, les souris ont 3 boutons”

Info PC, n° 161

“Tout dépend du kit de démarrage de votre fournisseur”

Web Magazine, n° 2

“Les *power book* s’allègent”

Info PC, n° 161

“Grâce aux Nouvelles Technologies, on peut aussi travailler chez soi”

Entreprise & Carrières, n° 490-91

“Le stockage de l’info devient de plus en plus économique. On garde tout en ne sachant pas bien ce que l’on va faire de ces données”

Entreprise & Carrières, n° 490-91

“Pluie d’Euros sur les entreprises Internet”

Usine Nouvelle, n° 489

“L’informatique a un problème fondamental avec son horloge”

Sciences & Vie Micro, n° 762

“Face aux risques liés aux modes de vie d’aujourd’hui, le Conseil de l’Europe vient d’ouvrir un site Internet”

Usine Nouvelle, n° 2695

“Le téléphone ou le télécopieur vont-ils être poussés vers la porte par l’e-mail ?”

Info PC, n° 161

“Les consommateurs vont bientôt disposer de téléphones cellulaires, d’assistants digitaux et de grille-pain accédant à Internet. Mais rien ne remplacera le PC”

Informatiques, n° 5807-88

“Une erreur informatique a provoqué l’accumulation de 3 à 5000 bagages pendant plus de 36 heures à l’aéroport de Roissy 2”

Le Monde Informatique, n° 818

“Entre la suppression de son compte bancaire, la menace nucléaire et les pannes d’ascenseur, nul doute que chacun trouvera son bonheur”

Informatiques, n° 5807-88

“Existe-t-il des services SOS pour les nuls ?”

Info PC, n° 161

index

de Abus à Zip

index

D

E

F

G

N

O

P

Q

R

S

T

U

V

W

Z

I'M A POOR LONESOME DESIGNER
Tissey

Composé par **INÉDIT SYSTEM GRAPHIC**,
91017 Evry Cedex.

Achevé d'imprimer – JOUVE Paris
N° d'impression : 274992U
N° d'éditeur 2181
Dépôt légal Novembre 1999
Imprimé en France